# Daniel y la mano Misteriosa

**Daniel 5 para niños**

**Escrito por Larry Burgdorf**

**Versión castellana de Mercedes Cecilia Fau**

**Ilustrado por Ed Koehler**

Belsasar era un rey muy insensato
mandando en su reino entero,
él sabía, y no le importaba,
que había un solo Dios verdadero.

Adoraba a dioses falsos de madera,
estatuas de piedra o de metal
que no podían hablar ni oír siquiera,
las de oro y plata eran igual.

Sucedió que Belsasar hizo una fiesta,
mil príncipes llegaron ese día,
comieron y bebieron hasta hartarse,
y se unieron a su idolatría.

Belsasar sabía, porque le habían dicho,
que estos falsos dioses estaban muertos,
y olvidando al solo Dios verdadero,
quiso poner a todos más contentos.

Ordenó entonces a sus siervos
traer más vasijas para beber,
copas de oro y plata que su padre
trajera antaño de Jerusalén.

Estas copas sagradas y antiguas
eran para glorificar a Dios,
el único y verdadero,
mas Belsasar lo olvidó.

El rey, los príncipes, y sus mujeres
brindaron en la bulliciosa fiesta,
elevaron las copas por los falsos dioses
en actitud horrible y deshonesta.

Entonces pasó algo muy extraño,
apareció una mano ¡completamente suelta!
y sobre la pared del palacio real
comenzó a escribir muy presta.

“Mene, Mene”, escribió la mano,
mientras todos temblaban del susto.
Nadie pudo entender el mensaje,
en sus rostros sólo había disgusto.

El rey palideció más aún,
pues la mano escribía y escribía
palabras nuevas y extrañas
y que nada le decían.

Belsasar ordenó que hombres sabios
llegaran pronto a su dominio
para interpretar a todos
el difícil vaticinio.

No entendieron ni jota
los sabios que allí fueron.
Belsasar prometió más cosas
al que resuelva el misterio.

Y fue así que la reina
entró en la habitación
para hablarles de Daniel
y su poder de visión.

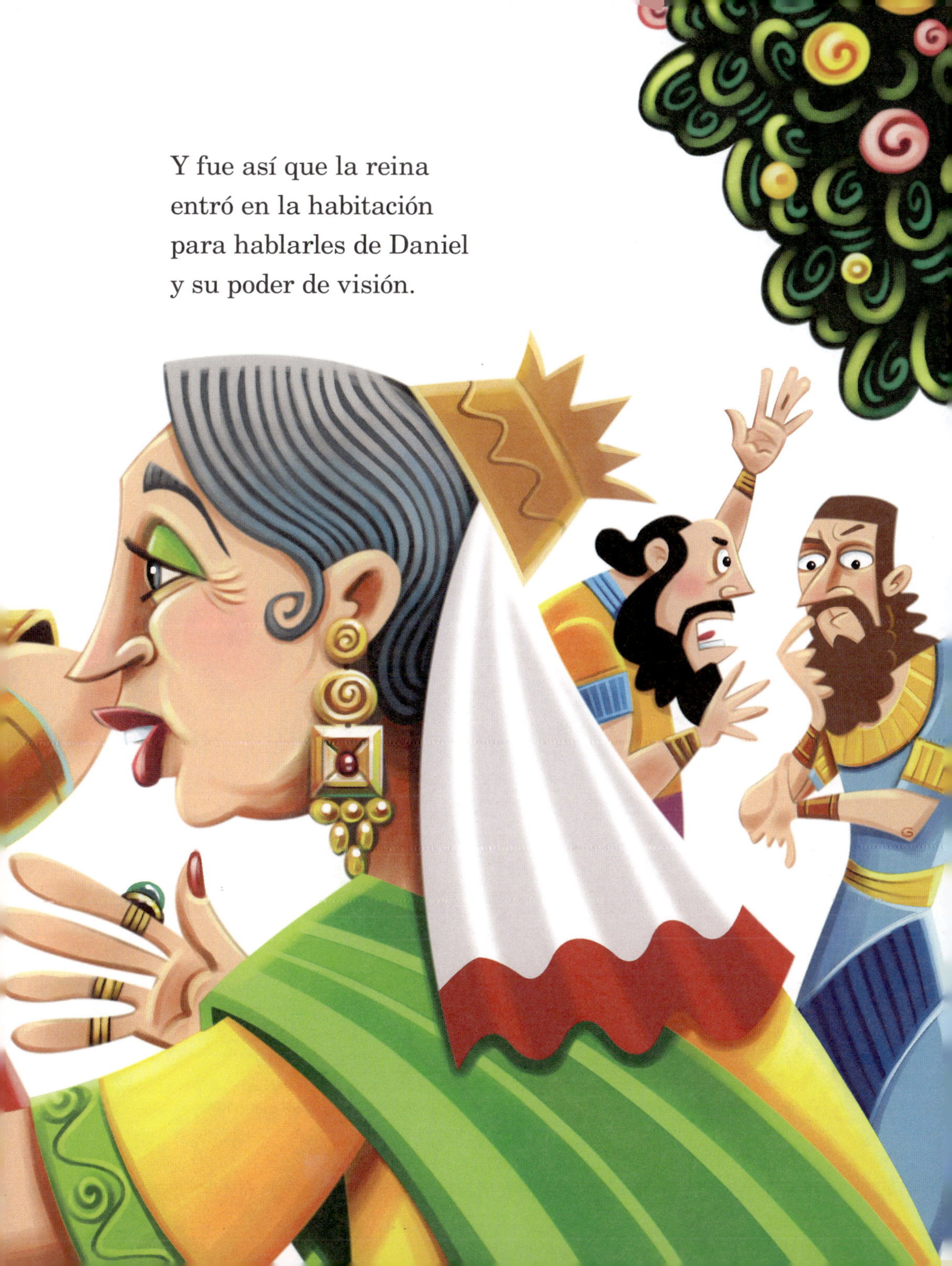

Daniel acudió al llamado
y llegó pronto ante el rey.
Él era el indicado
para poder responder.

–Leeré las palabras, oh rey–
dijo Daniel sin temor.
–Pero antes le diré que
aquí hay más de un error.

–Usted sabía que Dios
es sólo uno y no hay más.
¿Qué es esa manía
de a muchos idolatrar?

–“Mene, Mene” significa
que su reino es un fracaso,
y que por todas sus faltas
ha llegado a su ocaso.

Sólo se debe ensalzar
al único Dios verdadero.
Él nos envió un Salvador,

abrió las puertas del cielo
para que todos nosotros
muy contentos le alabemos.

## Queridos padres,

Babilonia era una ciudad magnífica dentro de un reino muy grande. Había sido reconstruida después de siglos de guerra, fortificada con murallas impenetrables, y mejorada después con los legendarios jardines colgantes. Durante el último gobernante de esa famosa ciudad, una escritura apareció sobre la pared.

Belsasar, un descendiente del rey Nabucodonosor, heredó su poder y sus riquezas. Belsasar era un gobernante muy arrogante e inexperto, se creía invencible, y por eso celebraba.

Belsasar dio una fiesta bien extravagante. Le dio exquisitas comidas y bebidas a por lo menos mil personas. Adoraron a los muchos dioses de Babilonia, el dios sol, la diosa luna, y otros. Entonces Belsasar brindó por los dioses paganos usando las copas sagradas que habían sido robadas del templo de Salomón. Al hacer eso, Belsasar se burló públicamente del único Dios verdadero.

Las palabras en la pared fueron suficiente para llamar la atención de Belsasar. Daniel las interpretó como una seria advertencia. Esa noche, la ciudad fue invadida por el ejército persa y Belsasar fue muerto.

¿Qué significa esta historia para nosotros? Somos culpables de distraernos con dioses de nuestra propia fabricación, dioses falsos. Nos olvidamos que Dios es la fuente de todo lo que es bueno; lo ignoramos e incluso lo desafiamos. Sin embargo Dios, en su misericordia nos dio su Palabra en la Biblia, para que podamos conocerlo y conocer su plan para nuestra salvación a través de Jesucristo.

***El editor***